Ute Lauterbach
Wie viel weniger ist mehr?

Ute Lauterbach

Wie viel weniger ist mehr?

Lebenslust auf den Punkt gebracht

FREIBURG · BASEL · WIEN

Originalausgabe
Alle Rechte vorbehalten
© Verlag Herder, Freiburg im Breisgau 2010
www.herder.de

Umschlagkonzeption und -gestaltung:
R·M·E Eschlbeck / Hanel / Gober
Umschlagmotiv: © Getty Images

Satz: Layoutsatz Kendlinger, Freiburg
Herstellung: fgb · freiburger grafische betriebe
www.fgb.de

Gedruckt auf umweltfreundlichem,
chlorfrei gebleichtem Papier
Printed in Germany

ISBN 978-3-451-06270-4

Inhalt

TEIL EINS ... 9

Bestandsaufnahme ... 11
Lebenslust? ... 14
Fragen an Sie ... 15
Wo können wir zu viel oder zu wenig haben? .. 16
„Weniger ist mehr" ... 18
Viel weniger ist zu wenig ... 19
Etwas weniger ist vielleicht etwas mehr ... 20
Richtig gut wenig ist leer ... 21
In Rom ... 22
Unfreiwillig wenig ist nicht gut leer ... 23
Frage an Sie ... 24
Ist gar nichts mehr? ... 25

Fazit ... 26
Das richtige Maß ... 27
Einfachheit ... 28
Angemessen vereinfachen ... 29
Immer mehr Simplify? ... 30
Die Frage bleibt ... 31

Ausweg	32
Die Messlatte für das richtige Maß	33
Der Preis für das falsche Maß	35
Wovon es nie zu viel geben kann	36
1. Probelauf	37
Zusammengefasst	38
2. Probelauf	39
Ihr Fazit?	40

Erkenntnis ... 41

Fülle und Menge	42
Menge auf den Punkt gebracht	43
Innere Fülle	44
Äußere Fülle	45
Luxus	46
Zusammengefasst	47
Entscheidungshilfe	48
Beispiele	49
Fragen an Sie	50
3. Probelauf	51
Lebens-Sinn-Fragen an Sie	52
Die Qual der Wahl	53
Das Viele oder das EINE Beste?	54

Die Wonne der Wahl....................	55
Weniger ist weniger!..................	56
Glück in falscher Verpackung.............	57
Glück am richtigen Ort.................	58

Lebenslust auf den Punkt bringen — 59

Paradoxie der Verwandlung..............	60
Unsere Ausrichtung....................	61
Was wollen Sie buchen?.................	62
Das Leichte ansteuern	63
Harte Disziplin und Druck	64
Lieben oder hassen....................	65
Kätzchen zulegen.....................	66
Konstruktiv resignieren	67
Zusammengefasst.....................	68
Lebenslust und Kompass................	69
Bergbach............................	70
Taufe und neuer Zugang	71
Einladung...........................	72

TEIL ZWEI — 73

Wie viel weniger ist mehr? Fett oder Sein? — 74

TEIL EINS

Bestandsaufnahme

Kapiert haben wir es längst. Wollten die Europäer ihre Klamotten richtig auftragen, müssten die meisten 500 Jahre alt werden. Mehr CDs als Zeit, sie zu hören, haben wir auch. Wir werden reizüberflutet, infoüberschwemmt, mailerschlagen.

Manche nehmen den Wettlauf mit dem Zuviel auf und werden so eine Art Schrottmanager. Auf dem Grabstein steht dann: Hat lebenslänglich aufgeräumt, im Griff gehabt, sich angestrengt.

Andere resignieren und versinken im Zuviel. Inschrift auf dem Grabstein: Vor dem Tod bereits am Zuviel erstickt.

Wenn irgendetwas zu viel ist, ist etwas anderes im gleichen Atemzug zu wenig.

Wer zu viele Pullover hat, hat zu wenig Platz im Schrank.
Wer zu viele Bekannte hat, hat zu wenig Zeit für sich.
Wer zu viel im Kopf hat, hat zu wenig Raum für neue Ideen.
Wer zu viele Termine hat, verlernt das Schlendern.
Wer zu viele Antworten hat – wer zu viel weiß –, hat zu wenig Fragen.
Wer zu viel arbeitet, hat zu wenig Mußestunden.
Wer zu viele Ziele hat, verliert den Fokus.

Oder mal im Spaß weiter:
Wer zu viele Gartenzwerge hat, hat zu wenig Platz für Blumen.

Wer zu viel Schokolade isst, hat zu wenig
Sinn für Bananen.

Oder mal andersherum:
Wer immerzu lacht, liebt, singt und tanzt, ist
mitten in der Lebenslust.

Nach einer Definition von „Lebenslust"
machen wir eine persönliche Bestandsauf-
nahme, um die Landefläche für erfüllende
Lebensfreude zu sichten.

Lebenslust?

Lebenslust ist, jubelig auf dem Kamm der Welle zu reiten. Weder Richtung Zuviel noch Richtung Zuwenig abzurutschen. Lebenslust reicht sich selbst.

Fragen an Sie
Haben Sie zu viel?
Zu wenig?
Genau die richtige Menge?

Wo können wir zu viel oder zu wenig haben?

In der Garage?
Auf dem Gewissen?
Im Terminkalender?
Auf dem Herzen?
Im Kopf?
Auf dem Schreibtisch?
Im Adressbuch?
Auf den Hüften?
In der Sprache?
Oder auf, im:

_____

_____

_____

Verfeinern Sie Ihre Antworten:
Wo könnten Sie gut mehr gebrauchen?

_____

_____

_____

_____

Oder weniger?

_____

_____

_____

_____

„Weniger ist mehr"

ist ein geflügeltes Wort, das uns dazu anhält, uns auf den Kern, das Wesentliche zu konzentrieren.

Viel weniger ist zu wenig

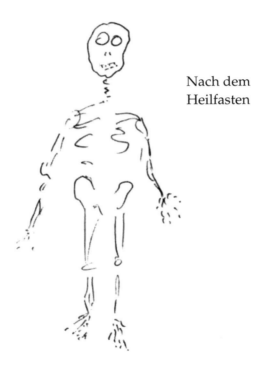

Nach dem
Heilfasten

Etwas weniger ist vielleicht etwas mehr

Etwas weniger Sahnetrüffelbällchen lassen uns nicht beim Apfel landen.

Die Frage lautet auch:
Wie viel weniger von was, damit am Ende mehr rauskommt?
Vier Grad Temperaturunterschied ist eigentlich nicht die Welt. Oder doch?
Wenn es sich zum Beispiel um die Körpertemperatur handelt.

Richtig gut wenig ist leer

Im Design und in der Architektur zum Beispiel. Aber nur ein Stein anstelle eines Gebäudes auf der Wiese ist wie architektonisches Heilfasten. Der leere Raum ist dann zu groß.

In Rom

Kennen Sie diese Büchlein, die über berühmte Ausgrabungen informieren? Sie stehen dann etwa in Rom neben ein paar Brocken, die Sie auf Seite vier im Büchlein als Fotografie wiederentdecken. Ihnen ist nicht klar, dass Sie sich in einer Basilika befinden. Seite drei ist aus durchsichtigem Plastik und darauf gezeichnet ist die Basilika, wie sie hätte gewesen sein können. Die klappen Sie jetzt über Seite vier, und die fotografierten Steinreste, neben denen Sie immer noch stehen, scheinen durch und entpuppen sich als Elemente des gezeichneten Gotteshauses. Ob Sie nun ein ehrfürchtiger Schauer durchrieselt, wenn Sie merken, dass Sie auf dem Altar stünden, wenn er da wäre?

Unfreiwillig wenig ist nicht gut leer

Das ist der Fall Rom. Er unterscheidet sich vom erwünschten Wenigen, das im Design als Stilmittel eingesetzt wird, um auf die Schönheit und Klarheit in der Leere selbst hinzuweisen.
Der Begriff „Mintang" ist in China die Bezeichnung dafür, dass uns leerer Raum offenbar wird. Dies ist sowohl in der Kunst wie in der Lebensführung ein Gütesiegel. Hier gilt dann: Richtig gut wenig ist leer.

Frage an Sie
Ist leer einfach nur leer oder noch mehr?

Ist gar nichts mehr?

„Von nichts kommt nichts." Das heißt in anderen Worten: keine Ursache = keine Wirkung.
Stimmt das wirklich? Oder kommt von nichts noch mehr? Anders gefragt: Ist Müßiggang aller Laster Anfang oder doch aller Tugend Trumpf?

Fazit

Es geht um das richtige Maß. Es darf nicht zu viel und nicht zu wenig sein. Aber auch kein Mittelmaß. Und die goldene Mitte ist nicht unbedingt zählbar, liegt nicht in jedem Fall zwischen einem und zehn Pullovern.

Das richtige Maß
hat mit einer bestimmten Geisteshaltung
und Lebensführung zu tun.

Einfachheit

Das muss LaoTse gemeint haben, als er etwa 500 Jahre vor unserer Zeitrechnung schrieb: „In Einfachheit und Veredelung liegt Reichtum."

- **Auf den Punkt gebracht:**
  Dieser Reichtum
  ist Lebenslust.

Angemessen vereinfachen

So richtig durchgedrungen ist LaoTse nicht. Deshalb konnte Albert Einstein nachschieben mit: „Alles sollte so einfach wie möglich gemacht werden, aber nicht einfacher."

- **Auf den Punkt gefragt:**
  Wann wird es zu einfach,
  wann zu kompliziert?

Immer mehr Simplify?

Wir sollen also schön aufpassen, dass wir im Simplify-Rausch nicht das Kind mit dem Bade ausschütten.
Wie das Kind heißt?
Lebenslust!

Die Frage bleibt
Wie *viel* weniger ist mehr?

Ausweg

Meine Antwort: „Wir sollten im Leben die Fülle und nicht die Menge buchen."
Und das führe ich im Folgenden aus.

Die Messlatte für das richtige Maß

ist eindeutig. Wir erleben sie alle gleich:

> Alles, was unseren Kopf zu voll
> und unser Herz zu schwer macht,
> ist zu viel.

Das weiß auch der Volksmund: „Besitz macht Sorgen." Gar kein Besitz auch. Und das gilt für alles!

Zu viele Gedanken sind bereits Sorgen.
Zu viele Seelendramen sind Killer der Lebensfreude.
Zu viele Termine sind Stress.
Zu viele Worte sind Gelaber.
Zu viel Arbeit ist einseitig.
Zu viel Ehrgeiz ist anstrengend.

Zu viel Harmoniegedöns ist abstoßend.
Zu viel Sahnetorte ist unbekömmlich.
Zu viele Liebhaber sind logistisch unpraktisch.
Zu viele Orden am Jackett krümmen den Rücken.
Sich zu viel Mühe zu geben ist verpasste Leichtigkeit.
Zu viele Bücklinge schwächen den Selbstwert.

Zu viel ist halt zu viel.

Der Preis für das falsche Maß
ist hoch.
Denn wir zahlen mit Lebenslust und Glückspunkten für jedes Zuviel oder Zuwenig.

Wovon es nie zu viel geben kann,

ist alles, was einen freien Kopf und ein weites Herz voraussetzt, um überhaupt sein zu können.

Was nie und nimmer zu viel sein kann:
Begeisterung,
Kreativität,
Liebe,
echte Spontaneität,
Heiterkeit,
Inspiration,
Mitgefühl ...

> ... denn dies sind Ausdrucksformen von Lebenslust.

1. Probelauf

Finden Sie heraus, was Ihren Kopf zu voll, Ihr Herz zu schwer oder eng macht.

Ist es
- Ihre Garage?
- Ihr Gewissen?
- Ihr Terminkalender?
- Ihr Schreibtisch?
- Ihr Adressbuch?
- Oder zu viel, zu wenig Sprache, Liebe, Herausforderung und Kontakt?

- Oder _____

   _____

   _____

Zusammengefasst

Wo ist zu viel?
Körper, Seele, Geist, Zeug?

Oder anders gefragt:
Was beeinträchtigt Ihre Lebenslust?
DA ist also zu viel oder zu wenig.

2. Probelauf

Finden Sie heraus, was Ihren Kopf frei und Ihr Herz weit macht.

_____

_____

_____

_____

_____

_____

_____

Ihr Fazit?

_____

_____

_____

_____

_____

_____

_____

_____

Erkenntnis

Manches muss richtig dosiert sein. Wie viele Pullover brauchen Sie? In Mengenangelegenheiten schwächt zu wenig genauso wie zu viel.

Manches kann gar nicht zu viel werden oder sein, weil es Ausdruck der Fülle selbst ist.

Fülle und Menge

Zu viel Menge verhindert Fülle.
Zu wenig Menge auch.
Die *richtige Menge* jedoch ist ein Beitrag zur inneren Fülle.

Menge auf den Punkt gebracht

Die richtige Menge ist nicht mehr und nicht weniger, als erforderlich ist, um so vollflächig wie möglich in der Fülle anzukommen.

Innere Fülle

- ist entspanntes Bei-sich-Sein,
- ist Lebensfreude pur,
- ist Lachbereitschaft,
- ist Flow,
- ist Innendrehung als Fest,
- ist Lebenslust auf dem Kamm der Welle,
- ist auch, wenn Außendrehung nicht notwendig ist.

Äußere Fülle

ist sinnlicher Genuss ohne unangenehmes Nachspiel.
Innere Fülle ermöglicht den Genuss äußerer Fülle.
Beispiel: Wer depressiv durch die schönste Landschaft trottet, sieht sie nicht in Farbe.

Luxus

ist reinste Verschwendung, wenn wir mies gestimmt sind. Er hebt unseren Gemütszustand nicht. Und wenn wir gut aufgelegt sind, ist er das Tüpfelchen auf dem i – und überflüssig.

Luxus ist also wunderbar und einerlei.

Zusammengefasst

Das richtige äußere Maß ist individuell verschieden. Es bestimmt sich und zeigt sich am Grad der Freiheit in unserem Kopf und in unserem Herzen. Wird das richtige Maß erfolgreich ausgelotet, dann trägt es entschieden zur inneren Fülle bei.
Anders ausgedrückt:
Die Vorstellung, was uns einen möglichst freien Kopf garantiert, ist der Kompass, mit dem wir Richtung Glück, entspanntem Bei-sich-Sein oder richtiger Menge unterwegs sind.
Noch anders:
Ob Sie 5 oder 50 Pullover brauchen, steht nicht in Ihrem Horoskop.

Entscheidungshilfe

Damit es nicht zu viel, nicht mehr als genug und nicht zu wenig wird, fahren Sie gut mit der Frage:
„Welche Entscheidung gewährt mir einen möglichst freien Kopf?"

Beispiele

Ab jetzt im Wohnwagen leben oder weiter in der Wohnung im Industrieviertel?
In die Berge fahren oder ans Meer?
Ein rauschendes Fest feiern oder lieber über den See paddeln?
Sich selbstständig machen oder lieber angestellt bleiben?

Die Antworten bleiben individuell verschieden. Der springende Punkt ist: die größtmögliche Kopffreiheit! Das ist das Kriterium, welches die Waagschale zur einen oder anderen Seite hinuntergehen lässt.

Fragen an Sie

Welche Entscheidungen führten in Ihrem Leben zu einem freien Kopf?
Welche Entscheidungen haben Ihr Leben unterm Strich unnötig kompliziert gemacht?

_____

_____

_____

_____

_____

_____

3. Probelauf

Welche Entscheidungen stehen gerade an? Wenn Sie Ihre Antwort am Fülle-Kriterium ausrichten, was ist dann Ihre Entscheidung?

_____

_____

_____

_____

_____

_____

_____

Lebens-Sinn-Fragen an Sie

Wie lebten Sie, wenn Ihnen die Fülle wichtiger als die Menge wäre?
Für welche Mengen entscheiden Sie sich im Interesse der Fülle?

_____

_____

_____

_____

_____

_____

Die Qual der Wahl

entsteht besonders, wenn wir zu viel haben. Wer DEN EINEN Lieblingspullover hat, braucht sich nicht vorm Kleiderschrank mit Wählen zu quälen.

Das Viele oder das EINE Beste?

Bevorzugen wir die Qualität anstelle von Quantität, sind wir schlagartig die Qual der Wahl los. Ein netter Vorteil. Für den Schrank und den Kopf.

Die Wonne der Wahl

Sie haben Auswahl. Und das entzückt Sie.
Das kleine Schwarze, das große Blaue,
Pizza rot-weiß oder gelb-grün. Herrlich!
Und Sie singen innerlich mit Conrad
Ferdinand Meyer:

> „Das Herz, auch es bedarf des
> Überflusses.
> Genug kann nie und nimmermehr
> genügen."

Und ganze Nationen sangen und singen
mit. Alle wissen:

Weniger ist weniger!

Und los geht's. Produzieren, manufakturieren, konsumieren – und zwar: mehr, größer, höher, weiter, schneller, besser, billiger-teurer. Alle denken, dass weniger eben weniger ist und dass mehr und MEHR noch lange nicht genug ist. Derweil merkt niemand, dass Conrad Ferdinand Meyer sich im Grab umdreht, denn: „Das Herz, auch es bedarf des Überflusses ..." und das hat im Immermehr-Rausch aufgehört zu singen.

Glück in falscher Verpackung

Konsumansprüche, Wohlstand und Lebensstandard verführen uns dazu, außen zu suchen, was uns innen fehlt.

Dann doch lieber innen finden, damit uns außen alles erfreut.

Glück am richtigen Ort

Lebenslust auf den Punkt bringen

Jetzt machen wir Nägel mit Köpfen. Oder lieber doch nicht? Wie oft haben Sie schon versucht, Lebensgewohnheiten oder gar sich selbst zu ändern? Und wie war der Erfolg? Nichtraucher werden, gelassener werden, umziehen, Arbeitsplatz wechseln, ein edler, hilfreicher und guter Mensch werden ...

Tatsache ist: Es gibt mehr Möglichkeiten, am Ziel vorbeizuschießen, als es zu treffen.

Paradoxie der Verwandlung

Im Interesse der Lebenslust und -kunst kalkulieren wir am besten ein, dass der Versuch, sich gewaltsam verändern zu wollen, eine Frustgarantie enthält. Wer sich unbedingt umkrempeln will, füttert den inneren Schweinehund.

- **Auf den Punkt gebracht:** Kleine, behutsame Veränderungsbrötchen zu backen ist besser, als im Teig hängen zu bleiben. (Weniger ist halt einfach mehr ...)

Unsere Ausrichtung

Damit es nicht kompliziert wird, halten wir uns an die Erkenntnis von Seite 33:

> Alles, was unseren Kopf zu voll
> und unser Herz zu schwer macht,
> ist zu viel.

Das bedeutet, unser Kurs Richtung Lebenslust und Veränderung wird vom eigenen Empfinden angestoßen und nicht von Goethes „Edel sei der Mensch, hilfreich und gut".

Was wollen Sie buchen?
Welche kleinen, niedlichen Veränderungsbrötchen würden Sie freuen?
Beziehungsweise: Welches Ergebnis würde Sie freuen?

_____

_____

_____

_____

_____

_____

Das Leichte ansteuern

Bitte fangen Sie nicht mit dem Ausmisten des ganzen Dachbodens an. Da ist zu viel Teig. Lieber mit dem kleinen Regal in der Küche. Das sehen Sie auch öfter.

Harte Disziplin und Druck

sind unbedingt zu vermeiden. Sie trüben, bevor überhaupt ein Erfolg eintreten kann, die Lebensfreude und liefern Sie dem „Falsche-Hoffnung-Syndrom" aus.

- **Auf den Punkt gebracht:** Harte Disziplin und Druck ersetzen durch fröhliche Ausdauer und guten Plan.

Lieben oder hassen

Klar, zu lieben ist angenehmer, als zu hassen. Auch biochemisch betrachtet. In der allgemeinen, weltweiten Gesamtliebe zu verschweben ist eine leichte Übung, wenn Sie auf der einsamen Insel sind. Aber mitten unter Ihren „Liebsten" rührt es an einen Charakter-Umbau-Marathon, der Sie schnurstracks in den Gesamtteig katapultiert.

- **Auf den Punkt gebracht:** Lieber eine unnötige – weil sowieso fruchtlose – Kritik weglassen. Stattdessen vielleicht eine kleine Wertschätzung zum Ausdruck bringen.

Lieben lernen

Jeder Tag, an dem wir geliebt haben, ist ein gewonnener. Denn von Herzen zu lieben tut vor allen Dingen uns selbst gut. Was weitet Ihr Herz? Oder wer? Am besten wäre es, immer den Menschen zu lieben, mit dem wir gerade zu tun haben. Das wäre auch effizient, weil wir jede Liebesgelegenheit wahrnähmen. Vom Rückbeglückungseffekt ganz zu schweigen. Aber lässt sich das Lieben ohne Authentizitätsverlust so vermehren? Ich glaube schon. Übung macht den Meister und Lieb-Haber.

Konstruktiv resignieren

OK. Sie haben alles durch. Ihr Leben lässt sich nicht vereinfachen oder Sie lassen sich nicht. Jetzt haben Sie drei Möglichkeiten.
1. Weiterkämpfen
2. Aufgeben und hadern
3. Aufgeben und akzeptieren

Sagen Sie sich bei der dritten Möglichkeit zum Beispiel: „Ja, ich hätte meine Garage wirklich aufgeräumt, wenn meine Gene nicht stärker wären als ich."

Zusammengefasst

Bleiben Sie dran, aber nicht zu sehr.
Genießen Sie das Leben vor dem Erfolg
und sogar ohne Erfolg. Lesen Sie mein
Buch *„Lässig scheitern"*. Sagen Sie sich:
„Wer nichts voranbringt, hat frei."
Nehmen Sie friedlich Platz auf dem Kamm
zwischen Zuviel und Zuwenig, zwischen
immer weniger und immer mehr, zwischen
gestern und morgen.

Lebenslust und Kompass

Die Lebenslust und das richtige Maß gehen Hand in Hand. Die Lebenslust freut sich, dass sie endlich einen klaren Kompass hat. Sie verkrümelt sich nämlich im Zuviel und im Zuwenig.

- **Auf den Punkt gebracht:** Finde dein persönliches Kopf-frei-Maß.

Bergbach

„Doch alle Lust will Ewigkeit –,
– will tiefe, tiefe Ewigkeit."
So schreibt Nietzsche in „Also sprach Zarathustra" in „Das trunkne Lied".
Wenn es mit dem richtigen Maß nicht klappen will, dann legen Sie sich einfach in einen eiskalten Bergbach. Das stimuliert Ihre Lebenslust garantiert. Sei es währenddessen oder hinterher.
Oder atmen Sie tief durch, singen Sie grundlos, zwitschern Sie mit den Vögeln, seien Sie verrückt, sprechen Sie wildfremde Menschen an, als seien es gute alte Freunde, genießen Sie den Wind auf der Haut, umarmen Sie sich.

Taufe und neuer Zugang

Herzlich willkommen bei der Tauffeier. Wir haben uns durch verschiedene Aspekte der Frage: „Wie viel weniger ist mehr?" bewegt. Nun gehen wir das Thema noch einmal anders an. Die Frage bleibt: Wie viel weniger ist mehr? Das Zuviel wird ab jetzt den Namen „Fett" haben. Und wir gleiten entspannt vom Fett zum Sein.

Einladung

Ich lade Sie zu einem Höhenflug ein. Gehen wir das Thema Menge-Fülle noch ganz anders an. Ohne Anstrengung. Spielerisch. Entdecken Sie durch den folgenden Gedankenfaden eigene Antworten, Ideen, Kraftquellen. Entfalten Sie auch Ihre Assoziationen für Ihren Weg von der Fülle zum Sein. Spielen und spinnen wir uns frei.

TEIL ZWEI

Wie viel weniger
ist mehr?

Fett
oder
Sein?

Fett irritiert.
Fett behindert.
Jedenfalls wenn es
zu viel ist und
am falschen Ort.
Fett verschmiert.
Fett ist fettig.

Fettblöcke
auf dem Weg
ins Sein?

Besonders fettig sind die
Fettspuren der Seele,
wenn du fühlst,
was du nicht fühlen willst.

Oder die im Geist!
Wenn du denkst,
was du nicht denken willst.

Und wer kann schon
das Nicht-Gewollte wollen?

Macht es Sinn, gegen das
Wollen zu wollen?

FETT WOLLEN?

**Schweres und
Dunkles wollen?**

Der Dichter-Philosoph Nietzsche lässt
Zarathustra im 7. und 3.
Abschnitt seiner Vorrede verkünden:

„Ich will die Menschen den Sinn
ihres Seins lehren: welcher ist
der Übermensch, der Blitz
aus der dunklen Wolke
Mensch. Der Mensch ist
etwas, das überwunden
werden soll."

Der Mensch als Fettwolke?

Auf zum Blitzerfolg!

Durch merk-würdige Fragen kann so viel Spannung im Geist entstehen, dass er plötzlich aufbricht und der Übermensch aus dem Wölkchen
  blitzt.

Im Zen treten solche Fragen als Koans auf. Sie gelten als Hirnplattenputzer par excellence.

Also noch mal:

Fett ist alles, was
Gedanken, Gefühle und
Körper gefangen nimmt.

Fett macht sich breit.
Es drückt dich weg.

Fett ist aufdringlich.
Es ist das Zuviel.
Weniger Fett wäre
mehr.

Schwimmen fast alle immer im Fett?

Mensch [minus] Fett [ist gleich] Übermensch

Die Fettel

wohnt in der Regel im Keller der Psyche, weshalb sie auch „Kellerfettel" genannt wird.

Die Kellerfettel sorgt dafür, dass der Fettpegel mindestens konstant bleibt.

Ihr Trick: Sie kommt in den oberen Stockwerken mit ehrbaren Eigenschaften groß raus. Dadurch fällt weniger auf, wie sie im Keller ihr Unwesen treibt.

weiter
Belange Zuviel
Scheitern Leistung
Druck Sachzwänge
schneller
Stress
mehr
Ich fette rum

 Ich bin

Und du?
Bist du oder
fettest du rum?

Gibt es überhaupt
Nicht-Fetter?

Sind Nicht-Fetter
außen vor?

Oder sind sie
innen drin?
Wo wäre das genau?

Wie viel weniger ist mehr?

Konsum- und Glücksfettel
haben sich verbunden. Ist natürlich ein Spitzentrick. Du musst dir immer mehr reinhauen, um glücklich zu werden. Die beiden fetteln dich systematisch zu. Du willst glück= lich werden und wenn die Konsumfettel gut in Schwung ist, dann musst du sie um des vermeintlichen Glückes willen wollen. So merkst du gar nicht, wie viel weniger mehr wäre. Die beiden drehen im Keller einfach deine Sehnsucht nach dem Glück um und lassen dich in die falsche Richtung rennen.

Wo ist zu viel?
Wohin damit?

Welches Weniger führt
zu mehr?

Gibt es zu wenig?

Und wenn ja, ist das mehr als zu viel?

Mengenexperten vor!

Darf Toilettenpapier
vierlagig sein?

Wie viele Lagen
braucht der Mensch?

Ab der wievielten Lage
wird alles verstopft?

WAS IST DIE RICHTIGE
MENGE?

DIE RICHTIGE LÄNGE?

DAS RICHTIGE MASS?

Ist der goldene

MITTELWEG

da-zwischen?

Was kannst du entbehren?
Was gewinnst du durchs Entbehren?
Was vermehrt sich?

Ist die Freiheit zwischen Entbehren und Brauchen?

Wärest du lieber Braucher oder Entbehrer?

Der hat sein Fett weg.
Wo ist es jetzt?

Ist gute Butter böse?

Was sehen Fettaugen?

Was ist Fett im Geist?

Gibt es zu viel Fett in der Sprache?

KANN ICH FETTFREI SPRECHEN?

Sind meine Gedanken fettig?

Soll ich mir Gedanken machen?
Oder reicht es zu denken?

Unter welcher Fettschicht
verbirgt sich die Wahrheit?

Intelligenzfetteln unter sich

Also die Intelligenzfetteln finden, dass sie die Krönung unter allen Kellerfetteln darstellen. Sind sie doch so schlau und klug! Sie haben es geschafft, besonders gemocht zu werden. Eine ideale Voraussetzung, mit vermeintlichen Lebensbewältigungsbonbons um sich zu werfen. So merkt niemand, wie sie vom Keller her Thesen und Ansichten hinterhältig festfetteln.

Wie aus dem Leben
ein Kunstwerk machen?

Was ist der erfüllendste
Gebrauch unserer Lebenszeit?

Vollendete Lebenskunst

spricht fettfrei
 denkt fettfrei
  liebt fettfrei
   vertraut fettfrei
    ist fettfrei

Was ist weniger Fett?

Zusammenfassung

Dunkle Wolke = Fett
(sinnbildlich für alles, was uns schwer macht)

Mensch <u>als</u> <u>Wolke</u> ist im Gedanken=
karussell oder strudelt in Emotionen.

Blitz aus Wolke = Sein
(sinnbildlich für alles, was uns schlagartig befreit)

Übermensch <u>als</u> <u>Blitz</u> ist glückselig im
Sein. Kopf und Herz frei und weit.

Weniger Wolke und weniger Fett
⇒ mehr Seinserleben

| In diesem Sinne ist weniger viel mehr. |

Der fettfreie Geist ist das ewige und grundlegende Prinzip der Dinge.

Kommt 'ne aufgetakelte Fettel vorbei. Sie ist ganz stolz, weil sie was Neues entwickelt hat. Sie gebärdet sich als innere Stimme. Da springt sofort eine andere Kellerfettel mit einer Variation auf. Sie fettelt als „höheres Selbst".

Fett ist böse, wenn es den ihm zustehenden Ort verlässt. Wenn es quillt.

Die Fettschmelze!

Das vordringende
Quillfett ist schneller,
als du weglaufen
kannst.

Nicht bewältigtes Fett
holt dich immer wieder
ein.

FETT IST ÜBERALL.

Jedes Quillfett hat
einen guten Kern.

„Der nach mir
greifende Anspruch
fordert immer die
falsche Menge. Er
weiß nicht, dass
ich die Fülle bin",
sagt der gute
Fettkern.

Begeisterung dringt locker durch alle Fettpolster.

Zeige mir deine Fettflächen, und ich sage dir, wer du nicht bist.

Kennst du die Fettversuchung?

Warum mutiert der
Leere Raum zum
Raum der Quelle?

„Ich ergebe mich ins Fett."
Kennst du das?

Quillfett oder Schmierfett?
Das ist die Frage!

Können Schmierfilme fettfrei sein?

Wohin mit dem Filmfett?

Ist Lebenskunst
ein Aufruf zur
Fettschmelze?

Wie kommt die Lebenskunst ins Ziel?

Wie wird Fett
durchsichtig?

Böses Fett
ist am falschen Ort.
Verschmierend,
verklebend,
quillend,
verstopfend,
hart,
träge.

Gutes Fett fällt nicht auf.

Sind fette Jahre
gut?

Wie viel Fett
brauchst du?

Willst du
fettbewusst sein?

Quillkörper, Quillpsyche, Quillgeist

Quillkörper sind sichtbar.

Quillpsychen laufen ebenfalls über. Psychomüll quillt raus. Schmierig, unsympathisch, runterziehend, unlustig.

Quillgeist nahe beim Quälgeist.

Ein starkes Paar

bilden die Gier- und Suchtfettel. Sie arbeiten voll vom Keller her und bezwingen mit Leichtigkeit alle sogenannten Vorsätze oder besseren Einsichten. Sie pumpen auf allen drei Ebenen Fett ins System: <u>Emotional</u> treten sie z.B. als Streitsucht, Ärger, ewiges Zurückgesetzt- und Minderwertigkeitsgefühl auf. <u>Mental</u> servieren sie unabweisbare Gedankendreher. Im <u>physischen</u> Bereich warten sie mit unwiderstehlichen Chips, Sahnetorten, Alkohol und anderen Verführungen auf.

Ihr Motto: „Wir machen uns überall breit und fett."

Lebenslust?

Aus der Quille eine Quelle des neu Anfangens machen.

Jedes Fett hat seine Zeit und kann nicht ewig dauern.

Was ruft uns
auf dem Gang
der Entquillung?

Was ist anwesend,
wenn Fett
abwesend ist?

Verbirgt sich hinter dem
Fett etwas, wovon wir
nicht absehen können,
etwas, das wir nicht
einfach übergehen
können? Sozusagen
etwas Unübergehbares?

Unübergehbar ist die Bühne,
auf der das Fett auftritt.

**Wie schafft es das Fett, die
Bühne zu verdecken?**

Gibt es EINE Lebenskunst?
So wie EINE Bühne?

Gibt es einen nicht egozentrischen Fokus aller Lebenskunst?

Was sind die Fettversionen von „Lebenskunst"?

Not-wendige Lebenskunst

Alles Unnötige ist weg.
Dann ist der Kopf frei
und das Herz weit.

Freier Kopf = Bühne ohne dies
und das, ohne Fett.

Weites Herz = liebend ohne Kleb
und Schmier. Ohne
Fett.

Was wir nicht wegkürzen können: die offene, unübergehbare Weite.

Die offene Weite ist ohne Geschichte.

Fett liefert historisches Material. Fett macht Geschichte: Krieg und Frieden im Kleinen wie im Großen.

Lässt sich Fett ein für alle Mal abschaffen?

Die Spritzfettel

ist im Kern natürlich auch eine Kellerfettel. Wie alle. Ihren Namen verdankt sie ihrer Spritztechnik. Unter ihrer Regie spritzt Kellerfett nach oben und so suggeriert die Spritzfettel Fettbewältigungserfolge. In Wirklichkeit handelt es sich nur um eine unerhebliche Fettverlagerung.

Wer bin ich ohne Fett?

Bin ich dann noch?

Oder bin ich dann erstmalig?

Warum ist
Fett so stark?

Die Kleberfettel

trifft zufällig die Königs=
fettel. Die fragt sie: „Wer bist
denn du? Was leistest du?"
Kleberfettel antwortet: „Majestät,
ich sorge einfach dafür, dass sich
nichts ändert." „Und wie machst
du das?" „Ich lasse die Leute
ganz fest hoffen, dass sich ihre
Partner, Mitarbeiter, Umstände
bessern werden. Dadurch halten sie
die schlimmsten Fettgaranten
Jahre, gar Jahrzehnte, sogar Lebens=
länglich aus." Die Königsfettel
nickt zustimmend.

Brauchen Weite
und Bühne
Fett?

Braucht
der Mensch
mehr Fett
als er braucht?

Anscheinend: Sonst wäre es anders.

Warum braucht er es?
Um im Quillfett die Sehnsucht
zu entdecken? Oder zu verdecken?

Unter allen Gipfeln
ist Fett.

Über allen Gipfeln
ist Sein.

Wenn Fett sprechen
könnte...
Was würde es sagen?

Quilltext.

Macht Zuhören fettig?

Duettfett ist besser als Duellfett.

Wie fettest du?

Wer hat dich eingefettet?

Zwei Fetteln treffen sich.

Fragt die eine: "Und, wie läuft's?" "Super! Ich arbeite jetzt mit Erfolgswürstchen." "Kenn ich. Danach schnappen lassen und wegziehen. Manchmal ein bisschen abbeißen lassen. Bis Frust und Erschöpfung über= nehmen können."

Was ist im grundlosen Grund?

Wo ist er?

Ist er ortlos und zeitlos?
Kann er verfetten?

Das Fettlos

Ist es unser Los?

Wenn ja,
wie werden wir es los?

Lösungsmittel?

Was bleibt,
wenn alles gelöst ist?

FETT WEG, WAS DA?

Eingefettet – ausgefettet?

Entweder Fett oder Lebenslust?

Bist du? Oder fettet es dich?

Wer andern
eine Fettspur
legt, glitscht
selbst herum.

Wo war dein Fett vor
deiner Geburt?

Wohin geht es nach
deinem Tod?

Ist es nur eine Art
Zwischenfett?

Zwischen dem
untergehenden Aufgang
und dem
aufgehenden Untergang?

Oder ganz anders?

Im formlosen, freien, offenen Gewahrsein bist du das Fett los.

Neid, Wut, Beleidigtsein
und der ganze Rest
– einfach Fettwolken?

Am besten
vollständig
in die
Fettschmelze
springen.

Fetteln in Gefahr

Hilfe! Die Kellerfetteln schwitzen!
Was ist passiert? Blitzartig sind
ihnen einige Menschen abhanden
gekommen. Anstatt wie gewöhnlich
in der dunklen Wolke anzufetten,
sind sie wie ein Blitz rausgeflutscht.
Sind jetzt über der Wolke.
Sozusagen Übermenschen.
Und was machen sie da über der
Wolke? Sie lachen über die
Fetteln oder über sich selbst,
als sie noch fettelten.
Wie konnte das passieren?
Die Fetteln wissen es nicht.

Ist Glückseligkeit wirklich der natürliche Zustand vor allen Fettwolken?

<u>Wolkenschieber</u>: lachen, kreativ sein, bedingungslos lieben, sich im Schönen verlieren, sich loslassen, hellwach ohne Gedanken im *Jetzt* verschweben.

Was war dein letzter Gedanke?

War er nötig?

Wer wärest du, wenn du nur die nötigen Gedanken dächtest?
Fettfrei, unmittelbar, wahrhaftig, direkt.

Frage an den Übermenschen

„Wie hast du die Fetteln überwunden?" Antwort: „Ich hab sie einfach abblitzen lassen." „Und wie genau?" „Einfach so. Ohne Methode." „Ach, war das so einfach möglich?" „Ja, ganz einfach. Sie waren wohl reif."

Noch mal die Frage an einen weiteren Übermenschen

„Wie bist du die Fetteln losgeworden?" „Zack! Sie waren blitzartig weg. Und ich da." „Und vorher? Hast du da was gemacht, um mit ihnen fertig zu werden?" „Gemacht habe ich eigentlich nicht viel. Hatte ein gutes Gespür für die Burschen. Sowie sie im Anmarsch waren, roch es nach Fett." „Und dann? Wie hast du reagiert??" „Ich hab mir nur gesagt: Achtung, Fettel! Fall nicht drauf rein! Halt dich lieber an das bessere, fettfreie Leben." „Und woran hast du gemerkt, dass die Fetteln anmarschieren?" „Ich war verstrickt, bewölkt sozusagen." „Ok, und dann hast du einfach ‚Tschüss, Fettel!' gesagt?" „Genau. Und mir ganz schnell klargemacht, dass ich nicht gefettet werden will. Weder von mir noch von anderen." „Und das war's?" „Jo, das war's. Ein kontinuierliches Wachheitstraining."

Was blitzt aus
dem fettfreien
Geist?

Sein oder Sein?

Großes Einweihungsfest

Ein sehr merkwürdiges Fest.
Riesig. Himmelszelt als Festzelt.
Kein Drei-Sterne-, sondern ein
Billionen-Sterne-Fest. Das Verrückteste:
Kein Gast war da. Zunächst.
Und der Gastgeber?
Der war omnipräsent.
Und dann auf einmal! Plopp, plopp,
plopp! Blitzartig taucht ein
Übermensch nach dem andern auf.
Umarmend umarmt vom Gastgeber.

Über die Autorin und Fettlöserin

Wer war Ute Lauterbach?
Vor 1988 Studienrätin für
Philosophie und Englisch.
1988 stieg sie in den philosophisch-therapeutischen
Bereich um.
Sie gründete das Institut für psycho-energetische
Integration.

Und was ist sie jetzt?
Leiterin dieses Instituts.
Waldbewohnerin.
Philosophin.
Buchautorin.
Unsinnsexpertin.
Glücks- und Schicksalsforscherin.

Was macht Ute Lauterbach?
Philosophische Seminare über Sein, Sinn und Unsinn.
Workshops zur psycho-energetischen Integration.
Coaching/Supervision/Firmen navigieren/Einzel-
und Gruppentraining.
Vorträge im In- und Ausland, TV und Radio.

Was kann sie?
Rasant schnell Lebensläufe verstehen, Knackpunkte entdecken und Weichen zur Selbstbefreundung stellen.
Philosophische Themen humorvoll und einfach darstellen.
Frieden stiften.

Ihr innerstes Anliegen
Die schönste Erfahrung – die eines ganz freien Kopfes – pflegen und weitergeben. Wir machen sie annähernd, wenn wir uns vollständig kaputtlachen. Oder wenn wir uns im Schönen gänzlich verlieren. Sie geht über das Flow-Erleben hinaus. Vielleicht müssen wir sie beschreiben mit Begriffen wie: Glückseligkeit, Nirvana, Unio mystica, Erleuchtung, ekstatischer Frieden.
Ute Lauterbachs innerstes Anliegen ist es, die Bahn Richtung Glückseligkeit frei zu machen. Also Gedankenwolken wegschieben. Biografischen Müll entsorgen. Selbstbefreundung fördern. Unsinnspflege. Deshalb schreibt sie Bücher und macht, was sie macht.

Special
Ute Lauterbach ist bis in feinste Nuancen zu Hause in deutscher und englischer Sprache.
Inspirierend lebendige Bühnenpräsenz der geistsprühenden Art.
Darstellerisches Talent und obendrein voller Empathie.

Ihre Bücher
Das Zeitbeschaffungsbuch, Kreuz, 2011
Lebenskunst auf den Punkt gebracht, Herder, 2010
Jammern mit Happy End, Kösel, 2009
Lässig scheitern, Kösel, 2007
Werden Sie Ihr eigener Glückspilot, dtv, 2006
LiebesErklärungen, dtv, 2005
Raus aus dem Gedankenkarussell, Kösel, 2004
Spielverderber des Glücks, Kösel, 2001

Ihre CDs
Es gibt 1 DiaSHOW + 18 Vorträge auf CD, zum Beispiel
Wer zuletzt lacht, lacht zu spät
Vom Laberschwall zum Lebenshall
Projektion? Was ist das?
Glück und Sein
Endlich schuldig – endlich frei

Wo im Wald?
Ute Lauterbach
Institut für psycho-energetische Integration
Zum Johannistal 1
57610 Altenkirchen
Deutschland
Fon +49(0)2681-2402 Fax -2405
E-Mail: info@ute-lauterbach.de
www.ute-lauterbach.de

Lebenskunst ist ...
... jammern mit Happy End

Lebenskunst ist – die wahren Sätze dieses Buches mit Leben zu füllen! Ein begeisterndes Brevier von der bekannten Autorin.

Ute Lauterbach
Lebenskunst auf
den Punkt gebracht
160 Seiten | Kartoniert
ISBN 978-3-451-07107-2

In jeder Buchhandlung oder unter www.herder.de

HERDER
Lesen ist Leben

Zeit ist Leben

»Zeit gewinnen wir nicht durch immer minutiöseres Zeitmanagement, sondern durch einen anderen Umgang mit unserem Leben.« Das weiß Ute Lauterbach aus langer Erfahrung. Sie zeigt, wie dies in 13 Schritten der Zeitbeschaffung gelingt.

Ute Lauterbach
Das Zeitbeschaffungsbuch
160 Seiten | Kartoniert
ISBN 978-3-451-61008-0

KREUZ

In jeder Buchhandlung oder unter
www.kreuz-verlag.de

Was Menschen bewegt